GUIDE PRATIQUE
du
Bouilleur de Cru

PRIX : 0 fr. 50 centimes

AVRANCHES
Imprimerie Nouvelle. — Directeur : F. JEANNE
1904

GUIDE PRATIQUE

du

BOUILLEUR DE CRU

D'APRÈS :

1° **Les Lois du**
{
20 juillet 1837
10 août 1839
14 et 17 décembre 1875
30 mai 1899
10 août 1899
29 décembre 1900
31 mars 1903
}

2° **Les Décrets du**
{
15 avril 1881
19 août 1903
}

3° La CIRCULAIRE n° 538 du 20 août 1904

AVRANCHES
Imprimerie Nouvelle. — Directeur : F. JEANNE
2, rue de Geôle, 2

1904

Préface

Ce petit Guide, résumé succinct mais complet des documents officiels LES PLUS RÉCENTS, que je dois à la gracieuse obligeance de l'administration des Contributions indirectes, n'a point la prétention de trancher souverainement toutes les difficultés en cas de conflits entre la Régie et les Bouilleurs de cru ; il se propose seulement d'éclairer les Cultivateurs sur leurs droits et leurs devoirs, de leur éviter bien des procès en leur faisant connaître les lois et décrets relatifs au privilège des Bouilleurs de cru, et peut-être aussi de parvenir subsidiairement à atténuer l'odieux qui trop souvent pèse sur les fonctionnaires préposés à leur application si laborieuse et si délicate !

Par son prix modique et par la justesse de ses appréciations en matière de BRULERIE, ce Guide pratique sera le « VADE MECUM » ou compagnon inséparable de tout Bouilleur de cru soucieux de sa tranquillité et qui a pour devise :

LA PLUS GRANDE HABILETÉ C'EST L'HONNÊTETÉ !

A. SOULÉ,
Econome de Lycée en retraite,
Officier de l'Instruction publique
et Cultivateur à Vains (Manche).

CHAPITRE Ier

Privilège des Bouilleurs de cru

(Son étendue)

Définition

Le privilège du Bouilleur de cru consiste dans l'*allocation* (1) *en franchise* d'une certaine quantité d'alcool destinée *exclusivement à la consommation familiale.*

Allocation minima

Cette allocation en franchise est de 10 % (1/10) des quantités fabriquées avec un minimum de 20 litres d'alcool pur (à 100 degrés) ; mais à la condition expresse que le Bouilleur de cru paiera immédiatement les droits sur le surplus.

Grands Bouilleurs

Exemples : Pour une fabrication totale de 100 à 200 litres d'alcool pur, l'allocation en franchise sera le minimum de 20 litres d'alcool pur ; mais pour une fabrication de 250 litres, l'allocation sera de 25 litres, et

---

(1) L'allocation familiale en franchise est la quantité d'alcool pur accordée par la loi pour la consommation de la famille de chaque Bouilleur de cru, et affranchie de tous droits, si elle n'est pas mise en circulation en dehors de son domicile.

pour une fabrication de 300 litres, l'allocation sera de 30 litres ; ainsi de suite...

Cas de l'ouverture d'un compte

Pour le Bouilleur de cru qui réclame l'ouverture d'un compte, le privilège s'étend à 20 litres d'alcool pur, et en outre il bénéficie de la déduction accordée aux entrepositaires pour coulage, ouillage, etc.; cette déduction est : de 7 % par an si les alcools sont renfermés dans des récipients *en bois*, et de *3* % si les alcools sont renfermés dans *d'autres* récipients.

Petits Bouilleurs

Les *petits Bouilleurs de cru*, dont les moyens de production par an ne dépassent pas 50 litres d'alcool pur, sont affranchis des droits pour l'intégralité des quantités qu'ils peuvent distiller, sans limite de durée et tant que ces quantités ne sont point mises en circulation (1) Ces moyens de production sont fixés chaque année par un arrêté du Ministre des Finances, sur la proposition du Directeur départemental des Contributions indirectes et après avis du Conseil général et du Préfet ; dans l'espèce, pour le département de la Manche, les chiffres admis pour la campagne courante sont de 35 pommiers et de 26 poiriers.

---

(1) Cette mesure bienveillante en faveur de la petite culture est due à l'amendement Morlot introduit dans la loi du 31 mars 1903.

Bouilleurs de cru

Définition générale

La loi qualifie de Bouilleurs de cru « les « propriétaires ou fermiers qui distillent « ou font distiller *exclusivement* les vins, « cidres, marcs, lies, cerises et prunes « *provenant de leur récolte.* »

Les pommes et les poires peuvent être distillées au même titre que les cidres et poirés ; il en est de même des prunelles qui ont été implicitement admises dans la catégorie des matières distillables par l'article 21 de la loi du 31 mars 1903.

Exclusions

Les Bouilleurs qui ne bénéficient point du privilège sont :

A. Ceux qui en ont été *privés*, pour la campagne en cours et la campagne suivante, *par jugement ou transaction pour avoir enlevé ou laissé enlever de chez eux, en fraude, les alcools de leur cru ;*

B. Ceux qui, dans le canton du lieu de distillation ou dans les communes limitrophes de ce canton, exercent la profession de *débitants* ou de *marchands de boissons en gros.*

Diverses espèces

La loi dit : sont Bouilleurs de cru, les propriétaires ou fermiers qui distillent les produits de *leur récolte ;* dans le même domaine, le propriétaire et le fermier ne sont donc pas en général l'un et l'autre Bouilleurs de cru ; et l'on a dû établir les distinctions suivantes :

Bail à Ferme.— 1º En cas de bail à ferme, le *fermier seul* est Bouilleur de cru et a droit au privilège ;

Métayage normal.— 2º En cas de métayage ou de bail dit à colonie partiaire, la solution dépend des *clauses du bail* ; et il convient de *communiquer* les *conventions* passées à l'administration de la *Régie ;*

Métayage spécial.— 3º Dans le cas (le plus fréquent) où le propriétaire et le métayer interviennent tous deux dans l'exploitation, l'un en contribuant aux dépenses et l'autre en couvrant le surplus des frais par la fourniture de ses instruments et par sa main-d'œuvre, *tous deux* sont *Bouilleurs de cru;* et l'allocation en franchise est répartie entre eux au prorata de la part qui revient à chacun dans les produits du domaine ; la distillation peut s'effectuer séparément chez chacun des intéressés ou ensemble et globalement chez le propriétaire ou le colon.

Justifications de la qualité

La qualité de fermier ou de colon partiaire doit être justifiée par la *production d'un bail écrit* aux employés de la Régie ; s'il n'y a *pas de bail écrit*, il sera tenu compte de la notoriété publique.

Rayon de jouissance du privilège

La loi du 31 mars 1903 n'ayant pas limité le rayon dans lequel le récoltant peut et doit jouir de son privilège, le *bénéfice de ce privilège* lui est concédé, *quel que soit l'éloignement* de son domicile du lieu de la récolte.

Lieux de distillation

Les Bouilleurs de cru peuvent distiller eux-mêmes leurs récoltes *à domicile*, les faire distiller dans un *atelier public de distillation*, s'unir en *société coopérative ou syndicat de distillation ;* l'administration assimile toutefois à la *distillation à domicile* celle qui est faite par le récoltant *sur la route* en face de son habitation ou sur *un emplacement lui appartenant* et attenant à sa maison.

CHAPITRE II

Réglementation

Déclaration

Nul ne peut se livrer à la fabrication ou au repassage des eaux-de-vie et liquides alcooliques de toute nature, sans en avoir fait *préalablement la déclaration au bureau de la Régie (*Recette buraliste de la commune où doit se faire la distillation, ou au Bureau de tabacs, ou au Secrétariat de la Mairie).

La déclaration doit être faite par le *Bouilleur* lui-même (1) ou par son *délégué,* porteur d'un pouvoir écrit.

Indications des déclarations

La déclaration ordinaire doit indiquer :

1° Le *n° de poinçonnement* de l'alambic utilisé ;

2° L'*emplacement* de la brûlerie ;

3° La *date* du *commencement* des travaux de distillation, leur *durée présumée* et les *heures* d'activité de la brûlerie pour chaque jour ;

4° Les *quantités d'alcool* que le déclarant possède *déjà* dans le *canton du lieu de*

---

(1) Le déclarant reçoit en échange une ampliation moyennant le paiement du prix du timbre (0,10).

distillation et dans les *communes limitrophes* de ce canton ;

5° L'*espèce de matières premières* à distiller et le *lieu* où elles ont été récoltées ;

6° Le *volume* et le *rendement minimum* par hectolitre pour *chaque espèce* de matière à distiller, ou pour *chaque lot de matières* de même espèce ayant des degrés différents.

Rendement minimum

Le rendement minimum à déclarer est déterminé par la richesse alcoolique effective de la matière première (1), sous déduction d'une réfaction qui ne peut dépasser : $1/10^e$ pour les cidres et poirés et $2/10^{es}$ pour les lies.

Tolérance pour le volume

Dans la détermination du volume, une tolérance de 5 % est admise pour les vins, les cidres ou poirés et les lies ; de 10 % pour les prunes et les cerises et de 15 % pour les marcs.

Dispense de déclarer le volume et le rendement

Quand le Bouilleur de cru *déclarera* pour la distillation la *totalité* des matières premières en sa possession ou la *totalité d'une espèce* de ces matières, il est *dispensé d'indiquer*, dans sa *déclaration*, le *volume* et le

---

(1) L'Analyse, qui chez un pharmacien ou un chimiste ne coûterait pas moins de 5 fr., est souvent faite à titre purement gracieux par les employés de la Régie.

rendement de ces matières premières ; ce volume et ce rendement seront fixés contradictoirement par le chef de la Régie et par le récoltant.

Faculté au Bouilleur d'interrompre la distillation

Il faut bien noter que le fait de *déclarer*, en vue de la distillation, la *totalité* (1) d'un produit distillable n'implique nullement l'obligation stricte de distiller la totalité de ce produit : le Bouilleur pourra toujours *arrêter l'opération*, quand bon lui semblera.

Délais de déclaration

La déclaration doit être faite *8 jours* au moins avant le commencement des travaux pour ceux qui se servent de *leurs* alambics, ou qui ont *recours* au *service de la Régie* pour la *détermination du volume* et du *rendement minimum* des matières premières.

Le délai de déclaration est réduit à *3 jours* pour ceux qui fabriquent *moins de 100 litres d'alcool pur*.

Les récoltants qui recourent à un *Bouilleur ambulant*, doivent également faire leur déclaration *3 jours* à l'avance ; ce délai

---

(1) Les matières déclarées pour la distillation doivent être mises à part et en lots bien distincts, de façon d'abord à ne pas occasionner de confusion avec les matières non à distiller, et ensuite à faciliter le contrôle de la Régie.

est fixé à *3 jours* pour le *premier Bouilleur* qui fait usage de l'alambic ambulant, et à *2 heures* pour les autres Bouilleurs de la *même* commune, chez lesquels ledit alambic doit être successivement utilisé.

Si le *Loueur ambulant* a déclaré *3 jours* à l'avance la *date* de son *arrivée* dans une *commune*, le délai de *2 heures* s'applique à *tous* les Bouilleurs de *cette* commune qui ont recours à son alambic.

Le *Chef du Service local de la Régie*, peut en outre, sur *demandes justifiées*, *réduire* le délai de *3 jours*.

CHAPITRE III

Obligations du Bouilleur distillant lui=même les produits de sa Récolte au moyen de son Alambic personnel.

Distillation n'excédant pas 24 heures consécutives

Le Bureau de la Régie où la déclaration de brûler a été faite, délivre une ampliation ou copie de cette déclaration ; cette copie présente au recto toutes les indications données par le déclarant, et au verso un bulletin où celui-ci devra consigner en toutes lettres les détails de ses opérations ; ceci ne s'applique qu'au *Bouilleur* ne devant pas *distiller plus de 24 heures consécutives* ; ces indications comprennent : 1º Les heures de chargement et de déchargement de l'alambic ; 2º La quantité des matières premières, mises en œuvre à chaque chauffe ; 3º Le volume et le degré de l'alcool obtenu.

Cette déclaration ainsi complétée doit être rapportée au Bureau de la Régie dans les 24 heures qui suivent l'achèvement du travail de distillation (1).

---

(1) En échange, le Bureau de la Régie délivrera un récépissé (Reg. nº 1 bis) au Bouilleur de cru.

Distillation excédant 24 heures consécutives

Quant au *Bouilleur* qui doit distiller *plus de 24 heures consécutives,* la Régie lui remet gratuitement un carnet (n° 4 c.) où il inscrira :

1° La date et l'heure de chaque chargement d'alambic et le n° de poinçonnement de chaque appareil ;

2° La nature et les quantités (en volume) des matières premières versées dans l'alambic ;

Et 3° La date et l'heure de la fin de l'opération.

Le déclarant doit signer et inscrire tout à l'encre et en lettres

Les *dates, heures* et *quantités* doivent être mentionnées à l'encre et en *toutes lettres* ; les ratures, surcharges et interlignes doivent être approuvés par le déclarant.

Toutes les déclarations sont signées par le récoltant.

Compteurs alcoométriques ou installations de vases clos

Si les alambics sont munis de compteurs alcoométriques, ou bien si le Bouilleur recourt à diverses installations de vases clos, il convient d'en demander au préalable l'acceptation par la Régie.

CHAPITRE IV

Obligations du Bouilleur de cru faisant distiller à domicile avec un alambic ambulant.

Faculté de se faire suppléer pour la déclaration

Le Bouilleur de cru qui fait distiller chez lui par un alambic ambulant a la faculté de faire effectuer la déclaration de bouillir par le Loueur d'alambic ou par son Délégué, en signant un pouvoir sur un carnet spécial (4 D) fourni gratis par la Régie au Loueur d'alambic ; ce pouvoir comprend une souche et une ampliation, qui toutes deux seront signées par le Récoltant et le Loueur ; cette ampliation est remise à la Recette buraliste par le Loueur au moment où celui-ci y fait, au nom du Récoltant, la déclaration préalable de fabrication.

Récoltant seul responsable

Dans cette affaire, le *Loueur* n'agit que comme *mandataire* du Récoltant ; et il ne doit point être mis en cause, si des inexactitudes sont relevées par la Régie ; le Récoltant reste *seul* responsable des déclarations faites, en son nom, par le Loueur d'alambic.

Formalités à remplir par le Loueur et le Récoltant

Le Loueur d'alambic ambulant est obligé de consigner sur un registre « ad hoc » le détail des opérations, et le Récoltant de contresigner le dit registre et l'ampliation, que le Loueur doit faire parvenir aux bureaux de la Régie dans le délai déjà fixé de 24 heures (page 14); c'est pour cela et eu égard aux garanties déjà exposées que le législateur a dispensé le Récoltant de tenir concurremment un registre 4 c.

Bases des décomptes de la Régie

La Régie ne peut pas imposer ou prendre en charge des quantités inférieures à la production accusée par le susdit registre du Loueur; et, lorsqu'elle vérifie les quantités fabriquées, le Récoltant doit lui représenter le second extrait du cahier-journal qu'il a reçu des mains du Loueur.

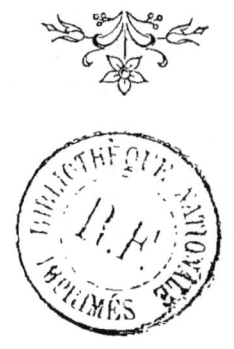

CHAPITRE V

Obligations du Bouilleur de cru faisant distiller dans un atelier public ou privé.

Déclaration

La personne, qui veut distiller pour le compte d'un Bouilleur de cru dans les locaux et ateliers, publics ou privés, doit faire la déclaration au moins huit jours à l'avance au chef local de la Régie (contrôleur, receveur ou chef de poste) ; cette déclaration, valable pour la durée d'une campagne c'est-à-dire du 1er août au 31 juillet de l'année suivante, indiquera la situation exacte de l'endroit où aura lieu la distillation, les numéros de poinçonnement des alambics à utiliser, les jour et heure où l'opération doit commencer, ainsi que sa durée présumée.

Indications détaillées

Si le local est *clos,* il ne peut avoir de communication intérieure avec d'autres locaux non occupés par l'exploitant, ou dans lesquels se trouvent des matières distillables.

Transports du domicile à la Brûlerie et vice-versa

Lorsque le Récoltant veut user d'ateliers publics de distillation, il doit :

1º Prendre un acquit à caution pour transporter les matières premières de chez lui à la Brûlerie, et un autre acquit à caution pour transporter les eaux-de-vie fabriquées de la Brûlerie à son domicile ;

2º Remettre à l'exploitant une déclaration signée et indiquant le lieu où les matières à distiller ont été récoltées et les quantités d'alcool déjà en sa possession.

Vérifications et comptes de la Régie

La distillation une fois terminée, la Régie accordera au Récoltant décharge des acquits à caution à la condition expresse : 1º Qu'il représentera chez lui aux employés de la Régie, aux fins de vérifications, les alcools nouvellement fabriqués et ceux provenant de fabrications antérieures ; 2º Qu'il acquittera immédiatement les droits sur ces alcools, ou qu'il consentira à leur prise en charge sous réserve de l'allocation concédée par le privilège.

CHAPITRE VI

Bouilleurs de cru réunis en associations syndicales ou coopératives

Ni déclaration ni exercice

Les Récoltants (Propriétaires, Fermiers ou Métayers), réunis en syndicat professionnel ou en association coopérative de distillation, qui déposeront leurs appareils et leurs alcools, et effectueront la distillation des produits de leur récolte dans des locaux agrées (1) par la Régie et gérés par lesdits syndicat ou association, seront personnellement *dispensés de toute déclaration* préalable, et *affranchis* de *tout exercice*.

Justifications à produire par les Gérants

Les gérants ou délégués doivent fournir, huit jours au moins avant toute opération, au Directeur départemental des Contributions indirectes la justification de la constitution régulière de l'association :
1º Les statuts ;
2º Une liste des membres de l'association,

---

(1) Pour les conditions d'agencement et d'isolement de ces locaux, consulter la Régie (Régl^t B du 15 avril 1881).

avec nom, prénoms et domicile de chacun d'eux, et la date de son admission ;

3º Un plan intérieur avec légende permettant de constater que les locaux satisfont aux exigences de la loi (art. 22 loi du 31 mars 1903).

Les modifications apportées à l'organisation de l'association, à la liste des membres ou des gérants ou à l'agencement des locaux devront être notifiées au moins 8 jours à l'avance au Directeur de la Régie (art. 19 du décret du 19 août 1903).

Pour le contrôle de la fabrication et celui de la répartition des produits fabriqués, les gérants ou délégués des associations sont soumis aux dispositions qui régissent les Bouilleurs de cru distillant chez eux la totalité des produits de la récolte (page 11) ; ils sont *dispensés* de la *tenue* du *registre des mises en distillation* prévues par l'art. 4 du décret du 19 août 1903 ; mais ils doivent inscrire :

Leurs obligations

1º Les quantités et espèces de matières premières formant l'apport de chaque producteur ;

2º Le rendement présumé en alcool et l'analyse des acquits qui auront accompagné les matières à distiller ;

3º Les livraisons d'alcool faites à chacun des membres avec l'analyse des titres de régie.

Les gérants ou délégués conservent, pour être remis à la Régie, les acquits à caution qui ont servi à légitimer les divers transports, et puis soumissionnent les acquits à caution destinés à accompagner aux domiciles des adhérents ou à toute autre destination la part de fabrication qui leur est attribuée.

Interdiction des mélanges

Le *mélange des matières à distiller* appartenant à plusieurs adhérents est formellement *interdit*.

Droit de la Régie de visiter la Brûlerie et d'y vérifier

Les Brûleries syndicales sont soumises aux visites de la Régie, qui a tout droit de vérification d'abord sur les matières premières puis sur les produits fabriqués.

Devoirs des gérants dans l'espèce

Les gérants et délégués sont tenus d'*assister* ou de se *faire présenter* à ces vérifications, de les faciliter et de fournir la main-d'œuvre et les ustensiles nécessaires; ils doivent en outre, à toute réquisition, représenter à la Régie le registre spécial ainsi que les registres et comptes de l'association relatifs aux opérations de distillation.

Obligations des Syndiqués

Les membres du Syndicat doivent soumissionner un acquit à caution pour le transport des matières premières de leur domicile à la Brûlerie ; s'ils laissent leurs alcools produits au siège de l'association jusqu'au moment de leur vente, ils n'ont pas d'autre obligation ; mais s'ils veulent porter leurs alcools chez eux, ils ont à acquitter les droits, déduction faite de l'allocation en franchise, ou bien demander l'entrepôt ; et, dans ce dernier cas, ils sont soumis aux règles générales applicables aux Bouilleurs de cru placés sous ce régime.

Néanmoins le Récoltant peut encore distiller chez lui

Quoi qu'ayant transporté une partie de la récolte à la Brûlerie syndicale, il n'est *pas interdit au Récoltant* de se livrer *chez lui* à de *nouvelles opérations de distillation*, mais le *total* de l'allocation en franchise ne pourra excéder 10 % de la *fabrication globale*, avec un minimum de 20 litres d'alcool pur.

CHAPITRE VII

Bouilleurs de cru qui demandent à bénéficier de l'art. 21 de la loi du 31 mars 1903

(Amendement Morlot)

Texte de l'Amendement

Comme on l'a dit plus haut, ne bénéficient de l'art. 21 de la loi du 30 mars 1903 que les Bouilleurs de cru qui, ayant justifié « qu'ils ne cultivent pas une superficie plus « considérable de vignes ou un plus grand « nombre d'arbres fruitiers à l'état de rap- « port normal qu'il n'est nécessaire pour la « production moyenne de 50 litres d'alcool « pur, suivant les usages du pays, distilleront « chez eux les vins, cidres, lies, marcs, « prunes, prunelles et cerises provenant « *exclusivement de leur récolte.* »

Les arrêtés ministériels ont déterminé pour chacun des produits à distiller et pour chaque département la superficie totale en vigne et le nombre total d'arbres fruitiers à l'état de rapport normal qui, dans une année de récolte moyenne sont nééessaires pour produire un maximum de 50 litres d'alcool pur (pour la Manche 35 pommiers ou 26 poiriers).

Droit d'option entre les matières distillables

Le récoltant a le droit d'option entre les diverses matières distillables visées par l'arrêté ministériel, et son droit au bénéfice de l'art. 21 est basé sur sa capacité de production en ce qui concerne seulement les matières qu'il déclare vouloir distiller.

Il peut *exercer ce droit d'option en plusieurs fois* au cours d'une campagne et conserver le bénéfice de l'art. 21, tant que les *éléments afférents à la matière qu'il distille* cumulés avec ceux des autres matières déjà distillées ne *dépassent pas* la moyenne de 50 litres d'alcool pur.

Le droit d'option ne peut s'exercer entre des matières ayant la même origine ; ainsi le droit d'option n'existe pas entre le marc de raisin et le vin ; et de même entre le poiré et le cidre, qui sont des produits similaires ou plutôt deux variétés d'un même produit.

Exclusions

Ne peuvent revendiquer le bénéfice de l'art. 21 ceux qui ont accru leurs moyens de production en recevant chez eux, avant ou pendant les travaux de distillation, des matières similaires à celles qu'ils distillent.

Impossible encore de faire bénéficier de cet article 21 les Bouilleurs qui usent d'alambics ordinaires *non ambulants d'une contenance de 500 litres*, ou *d'alambics chauffés* à la vapeur, ou d'*appareils à marche continue* pouvant distiller *plus de 200 litres* dans *24 heures*.

Dans l'application ne tenir compte que du lieu de récolte

La fixation des arrêtés ministériels étant établie *par département*, il faut pour l'application de l'art. 21 considérer *le lieu de récolte* et non *le lieu de distillation*. Ainsi le Récoltant qui possède 20 pommiers dans le département A (où ce nombre d'arbres correspond à une production de moins de 50 litres d'alcool pur) peut distiller ses cidres etc., avec le bénéfice de l'art. 21, dans le département B, où la quotité fixée par l'arrêté ministériel est seulement de 15 pommiers.

Il en est de même quand il s'agit de la vigne.

Deux déclarations nécessaires

Pour revendiquer le bénéfice de cet article 21, les propriétaires, fermiers et métayers doivent faire au bureau de la Régie *deux* déclarations; ils inscrivent, dans la *première déclaration*, pour chaque commune, hameau ou quartier, chaque parcelle où se trouvent les vignes et les arbres, dont les produits sont susceptibles de distillation, la superficie des vignes et le nombre, par espéce, d'arbres fruitiers qu'elle contient.

La *seconde déclaration* indique la nature

des matières premières à distiller, le numéro de poinçonnement de l'alambic utilisé et la date du commencement des travaux.

Délais

Les délais de déclaration sont les mêmes que pour les Bouilleurs de cru placés sous le régime général.

Caractère bienveillant des dispositions de l'article 21
Obligations du bénéficiaire

On remarquera que le bénéficiaire de l'amendement Morlot n'est *point obligé* de *déclarer* le *volume* des *matières premières* à distiller, leur *rendement minimum* ainsi que les *quantités d'alcool existant déjà en sa possession;* mais il doit, dès qu'il en est requis, désigner, sur le terrain même, les parcelles qu'il cultive et celles sur lesquelles se trouvent les arbres compris dans la déclaration ; tous les arbres sont comptés, sauf ceux cultivés *en pépinières* ou *nouvellement plantés*.

Exclusions

Dans les cas de distillation : 1° chez un voisin ; 2° dans un local public, le petit Bouilleur de cru perd ses droits au bénéfice de l'amendement Morlot, et partant tombe dans le droit commun ; il doit prendre un *acquit à caution* pour transporter les matières premières de son domicile à la Brûlerie, et un autre *acquit à caution* pour transporter les eaux-de-vie fabriquées jusqu'à son domicile.

La franchise lui est seulement accordée jusqu'à concurrence de 20 litres d'alcool pur ; l'excédent doit acquitter immédiatement les droits ou bien être pris en charge.

CHAPITRE VIII

Obligations particulières des Bouilleurs de marcs, de cerises et de prunes.

Formalités à remplir

Les Bouilleurs, bien qu'ayant déclaré pour la distillation la *totalité* des matières premières eu leur possession, sont obligés d'inscrire, à la fin de chaque journée de travail, le volume et le degré de l'alcool qu'ils ont obtenu :

1° Sur le registre n° 4 C, en cas de distillation pendant plus de 24 heures consécutives.

Et 2° sur le verso de l'ampliation de la déclaration, en cas de période d'activité inférieure à 24 heures.

Cas de dispense

« Ils ne seraient *affranchis* de cette obli-
« gation que s'ils distillaient *en vases clos*
« ou s'ils munissaient leurs appareils de
« *compteurs* dûment vérifiés et agréés
« (Circ. 538 du 24 août 1903). »

CHAPITRE IX

Bouilleurs qui distillent leurs produits dans une localité sujette aux droits d'entrée ou aux taxes d'octroi.

Déclaration

Toute personne qui fabrique des alcools dans l'intérieur d'une ville sujette aux droits d'entrée doit en faire la *déclaration* au Bureau de la Régie 12 heures au moins avant la première fabrication de l'année.

Cette disposition s'applique à *tous les Récoltants* des localités sujettes, *quel que soit le régime sous lequel ils soient placés.*

Droit commun pour TOUS les Bouilleurs sauf en cas d'entrepôt

Alors les Bouilleurs de cru, même les bénéficiaires de l'art. 21, sont obligés de payer de suite les droits d'entrée sur les quantités d'alcool fabriquées, à moins qu'ils ne réclament la faculté *d'entrepôt.*

CHAPITRE X

Circulation des Alambics

Les cas ordinaires peuvent se reduire à trois principaux :
1º Achat d'Alambics chez un fabricant ;
2º Achat, Prêt ou Cession d'Alambics déjà portés sur les rôles de la Régie ;
3º Circulation des Alambics.
Pour les cultivateurs qui se servent de Bouilleurs *ambulants*, ils n'ont pas à s'occuper en quoi que ce soit des formalités de la circulation de leurs appareils : cela regarde *exclusivement les Bouilleurs ambulants*.

1º Achat d'Alambics chez UN FABRICANT

L'article 14 de la loi impose à tout détenteur d'Alambic ou de portion d'Alambic de faire, *dans les cinq jours de la possession*, une déclaration au bureau de la Régie, déclaration comportant la capacité de l'appareil, son type (ordinaire à feu nu ou à vapeur) et les diverses pièces qui le composent.

Ensuite l'Alambic est poinçonné et scellé par la Régie. Quand le Bouilleur voudra s'en servir, soit pour nettoyage et réparation, soit pour distillation, il devra en faire la déclaration au bureau de la Régie.

2º Achat, Prêt ou Cession d'un Alambic ou portion d'Alambic, déjà connu par la Régie.

A. Achat. — Celui qui achète est obligé d'en faire la déclaration à la Recette buraliste de sa circonscription ; cette déclaration comportera la capacité de l'Alambic, le nombre de pièces qui le composent, son type et son numéro de poinçonnement.

B. Prêt, Vente on Cession. — Celui qui prête, vend ou cède un Alambic en fait la déclaration sur un registre spécial, nº 113, à la Recette buraliste ; cette déclaration doit présenter les nom, prénoms, domicile (commune, hameau ou lieu dit), du prêteur, du vendeur et du nouveau possesseur, ainsi que le signalement de l'Alambic.

3º Circulation d'un Alambic

Aucun Alambic ni aucune portion d'Alambic ne peut circuler sans *un titre de mouvement* délivré par la Régie ; ce titre de mouvement sera :

A. Un laissez-passer pour un Bouilleur *ambulant ;*

B. Un acquit à caution dans tous les *autres cas*.

EXEMPLE : M. Pierre prête, vend ou cède un Alambic à M. Paul ; M. Pierre lèvera un acquit à caution à destination de M. Paul ;

et, si l'Alambic doit retourner à M. Pierre, un nouvel acquit à caution sera levé par M. Paul à destination de M. Pierre.

Celui qui lève l'acquit à caution au bureau de la Régie est *responsable* de ce titre de mouvement jusqu'à sa décharge ; il est donc nécessaire que lesdits acquits soient remis au service de la Régie, *aussitôt le transport effectué.*

LOI du 31 Mars 1903

. . . .
. . . .

ART. 14

Tout détenteur d'appareil ou de portions d'appareils propres à la distillation, en vue de la fabrication ou du repassage d'eaux-de-vie ou d'esprits, est tenu de faire au bureau de la Régie, dans les cinq jours qui suivent son entrée en possession, une déclaration énonçant le nombre, la nature et la capacité de ces appareils ou portions d'appareils.

Ceux de ces appareils qui n'auront pas encore été poinçonnés seront soumis à cette formalité, conformément à l'article 12 de la loi du 29 décembre 1900.

Les appareils doivent demeurer scellés pendant les périodes où il n'en est pas fait usage. Ils peuvent être conservés à domicile ou déposés dans un local agréé par l'Administration.

Les détenteurs sont tenus de représenter à toute réquisition du service des Contributions indirectes les appareils scellés ou non scellés en leur possession. Tant qu'ils ont la libre disposition des appareils, les détenteurs sont astreints par l'art. 8 de la loi du 30 mai 1899 et par les décrets rendus pour son exécution. Toutefois le contrôle, en ce qui concerne les Bouilleurs de cru, devra s'exercer de jour et seulement dans le local où se trouve l'appareil.

Est interdite dans l'intérieur de Paris, sous les peines prévues par l'art 26 de la présente loi, la détention de tous appareils propres à la distillation en vue de la fabricaiion ou du repassage d'eaux-de-vie ou d'esprits. Des exceptions à cette règle pourront être accordées, sous forme d'autorisations individuelles toujours révocables, aux personnes qui justifieront de la nécessité de faire usage d'appareils à distiller pour les besoins de leur profession.

ART. 16

Indépendamment des obligations résultant de l'art. 33 du règlement du 15 avril 1881, tout loueur d'alambic ambulant est tenu, dès son arrivée dans chaque commune, de déclarer au bureau désigné à cet effet par la Régie le nom et le domicile des personnes pour le compte desquelles l'appareil doit être successivement utilisé, ainsi que la date à laquelle il commencera ses opérations chez chacune d'elles. Ces indications pourront, pendant la durée du séjour du loueur dans la commune, être modifiées par des déclarations nouvelles.

Toute personne qui a recours à un alambic ambulant est tenue de contresigner le résultat des opérations de distillation sur le cahier-journal du loueur. Une ampliation des inscriptions faites à ce registre, dûment signée par le producteur et par le loueur d'alambic ambulant, est remise par celui-ci au service aussitôt après l'achèvement des travaux.

Le loueur est tenu de représenter son cahier-journal à toute réquisition des employés des contributions indirectes, soit à son domicile ordinaire ou temporaire, soit en tous autres lieux où il se livre à l'exercice de sa profession.

L'inobservation de ces diverses prescriptions rend applicables au loueur les dispositions du deuxième paragraphe de l'art. 11 de la loi du 29 décembre 1900, indépendamment des pénalités édictées par l'art. 26 de la présente loi. Toutefois, en ce qui concerne les formalités prescrites par le deuxième paragraphe ci-dessus, celui-ci pourra être mis hors de cause. s'il est en mesure d'établir que le non-accomplissement de ces formalités est le fait du producteur ; dans ce cas ce dernier encourra les pénalités visées à l'art. 26 précité.

ART. 17

Les dispositions des lois concernant les alambics s'appliquent à tous autres appareils pouvant servir à la fabrication ou au repassage d'eaux-de-vie ou d'esprits.

Celles relatives à la production des eaux-de-vie, esprits et liquides alcooliques de toute nature par distillation sont également applicables, lorsqu'il est procédé par tous autres moyens à ces opérations.

ART. 18

Nul ne peut se livrer à la fabrication ou au repassage des eaux-de-vie, esprits et liquides alcooliques de toute nature, sans en avoir fait la déclaration préalable au bureau de la Régie.

La déclaration devra indiquer la nature ainsi que la provenance réelle des produits mis en œuvre ; elle sera complétée au fur et à mesure de l'introduction de nouveaux produits dans la distillerie.

ART. 19

Les Bouilleurs de cru ont la faculté d'acquitter immédiatement les droits ou de réclamer l'ouverture d'un compte qui se règle par campagne.

Dans le premier cas, ils bénéficient d'une allocation en franchise de 10 p. $_0/^0$, sans que cette allocation puisse être inférieure à 20 litre d'alcool pur.

Dans le deuxième cas, ils jouissent de la déduction ordinaire accordée aux Entrepositaires pour ouillage, coulage et déchets de magasin, indépendamment, pour la campagne pendant laquelle les eaux-de-vie ou esprits ont été fabriqués, d'une allocation en franchise de 20 litres d'alcool pur. Il est seulement procédé chez eux, indépendamment de l'inventaire qui suit la fabrication, à un récolement qui ne pourra avoir lieu qu'au moment de la campagne suivante de distillation.

Au cours des inventaires et récolements opérés par la Régie, le Bouilleur de cru pourra toujours se faire assister de deux témoins majeurs qui pourront, s'ils le jugent utile, signer ses dires au procès-verbal, sans que l'absence de ces témoins puisse faire obstacle à l'action des agents de la Régie.

ART. 20

La fabrication peut avoir lieu soit à domicile, soit dans des locaux ou sur des emplacements, publics ou privés, déclarés à l'administration qui, dans ce dernier cas, fixe les jours et heures auxquels pourront avoir lieu les opérations.

Les quantités existant en la possession du récoltant lors d'une première fabrication doivent être déclarées et prises en charge ou soumises immédiatement à l'impôt, sous déduction de celles pour lesquelles il serait justifié du paiement antérieur des droits.

ART. 21

Sont dispensés de toute déclaration autre que celles prévues aux art. 12 et 18 inclus de la présente loi, ainsi que de toute vérification et prise en charge, les propriétaires, fermiers et métayers qui, après avoir justifié qu'ils ne cultivent pas une superficie plus considérable de vignes ou un plus grand nombre d'arbres fruitiers à l'état de rapport normal, qu'il n'est nécessaire pour la production moyenne de 50 litres d'alcool pur, suivant les usages du pays, distilleront chez eux les vins, cidres, lies, marcs, prunes, prunelles et cerises provenant exclusivement de leurs récoltes.

La superficie ou le nombre d'arbres correspondant à ce maximum seront déterminés, dans chaque département, par un arrêté ministériel rendu sur la proposition du Directeur des Contributions indirectes et après avis du Conseil général et du Préfet.

ART. 22

Seront personnellement dispensés de toute déclaration préalable et affranchis de tout exercice et jouiront des déductions et allocations en franchise stipulées à l'art. 19, les propriétaires, fermiers et métayers réunis en Syndicats professionnels ou en Associations coopératives de distillation, qui déposeront leurs appareils et leurs alcools et effectueront la distillation des vins, cidres, poirés, lies, marcs, cerises ou prunes provenant exclusivement de leurs récoltes, dans des locaux agréés par la Régie et gérés par lesdits Syndicats ou Associations.

Les Membres de ces Syndicats ou Associations pourront à tout instant retirer leurs alcools, à la condition de payer les droits, déduction faite des allocation en franchise ou, s'ils demandent le crédit de l'impôt, de se soumettre aux obligations prévues par les art. 19 et 20.

Les dispositions des lois et règlements sur les distilleries sont applicables tant à l'agencement des locaux gérés par les Syndicats ou Associations coopératives qu'aux opérations qui y sont pratiquées.

Les Membres de chaque Syndicat ou Association coopérative seront solidairement responsables de toutes les infractions à la loi commises dans le local commun.

. . . .
. . . . , . .

ART. 25

Il sera pourvu par des règlements d'administration publique à toutes les mesures nécessaires pour assurer l'application des articles 12 à 24 de la présente loi.

Ces règlements détermineront, en particulier, les conditions dans lesquelles s'effectuera la constatation de la production chez les récoltants.

ART. 26

Les contraventions aux dispositions des articles 12 à 24 de la présente loi et à celles des règlements rendus pour leur exécution sont punies des peines édictées par les 2e et 3e paragraphes de l'art. 14 de la loi du 29 décembre 1900.

Les mêmes peines sont applicables à toute personne convaincue d'avoir facilité la fraude ou procuré sciemment les moyens de la commettre.

Dans tous les cas, l'art. 463 du Code pénal pourra être appliqué en faveur des délinquants dans les conditions prévues par l'article 19 de la loi du 29 mars 1897.

. . . .
. . . .

TABLE

	PAGES
Préface.	3

CHAPITRE PREMIER. — Privilège du Bouilleur de cru. 5
   Définition du Privilège. 5
   Allocation minima 5
   Définition et Catégories ordinaires de Bouilleurs de cru 7
   Exclusions : 7
   Cas du Bail à ferme et des divers métayages. 7
   Justification de la qualité de Bouilleur . . 7
   Rayon de jouissance du Privilège. . . . 9
   Lieux de distillation. 9

CHAPITRE II. — Réglementation. 10
   Déclarations 10
   Rendement minimum 11
   Tolérance pour le volume. 11
   Dispense de déclarer le rendement et le volume 11
   Faculté d'interrompre la distillation. . . 12
   Délais de déclaration 12

CHAPITRE III. — Obligations du Bouilleur de cru distillant lui-même sa récolte avec son alambic *personnel*. 14
   Distillation n'excédant pas 24 heures. . . 14
   — excédant 24 heures. 15
   Le déclarant doit tout signer et tout écrire à l'encre et en lettres 15
   Compteurs alcoométriques ou installations de vases clos 15

CHAPITRE IV. — Obligations du Bouilleur de cru faisant distiller a domicile avec un alambic ambulant. 16
    Faculté de se faire suppléer pour la déclaration. 16
    Récoltant *seul* responsable 16
    Coopération du Loueur et du Récoltant dans la tenue du Livre-Journal. . . . 17
    Base des décomptes de la Régie 17

CHAPITRE V. — Obligations du Bouilleur de cru faisant distiller dans un atelier public ou privé. 18
    Déclaration avec indications détaillées. . 18
    Transports du domicile à la brûlerie et vice-versâ 18
    Vérifications et comptes de la Régie. . . 19

CHAPITRE VI. — Bouilleurs de cru réunis en associations syndicales ou coopératives. 20
    Ni délaration, ni exercice, ni registre de mises en distillation 20
    Justifications à produire par les gérants. . 20
    Leurs obligations. 21
    Interdiction des mélanges 22
    Droit de visite et de vérification de la Régie dans la brûlerie . . , ... 22
    Devoirs des gérants dans l'espèce. . . . 22
    Obligations des Syndiqués 22
    Néanmoins le Récoltant peut encore distiller chez lui 23

CHAPITRE VII. — Bouilleurs de cru qui demandent a bénéficier de l'art. 21 de la loi du 31 mars 1903 (amendement Morlot). . 24
    Texte de l'amendement 24
    Droit d'option entre les matières distillables. 25
    Exclusions. 25
    Dans l'application ne tenir compte que du lieu de récolte 26
    Deux déclarations nécessaires.— Délais. . 26
    Caractère bienveillant des dispositions de l'art. 21 27

Obligations du bénéficiaire 27
Exclusions 27
CHAPITRE VIII. — Obligations particulières des Bouilleurs de marcs, de cerises et de prunes 29
Formalités à remplir 29
Cas de dispense 29
CHAPITRE IX. — Bouilleurs qui distillent leurs produits dans une localité sujette aux droits d'entrée ou aux taxes d'octroi
Déclaration. 30
Droit commun pour *tous* les Bouilleurs. sauf en cas d'entrepôt. 30
CHAPITRE X. — Circulation des Alambics. . 31
Achat d'Alambics chez un Fabricant. . . 31
Prêt ou Cession d'un Alambic ou portion d'Alambic 32
Circulation d'un Alambic 32
CHAPITRE XI. — Annexe 35
Loi du 31 mars 1903. 35

Imprimerie Nouvelle, Directeur : **F. JEANNE**
2, rue de Geôle, Avranches

www.ingramcontent.com/pod-product-compliance
Lightning Source LLC
LaVergne TN
LVHW021712080426
835510LV00011B/1729